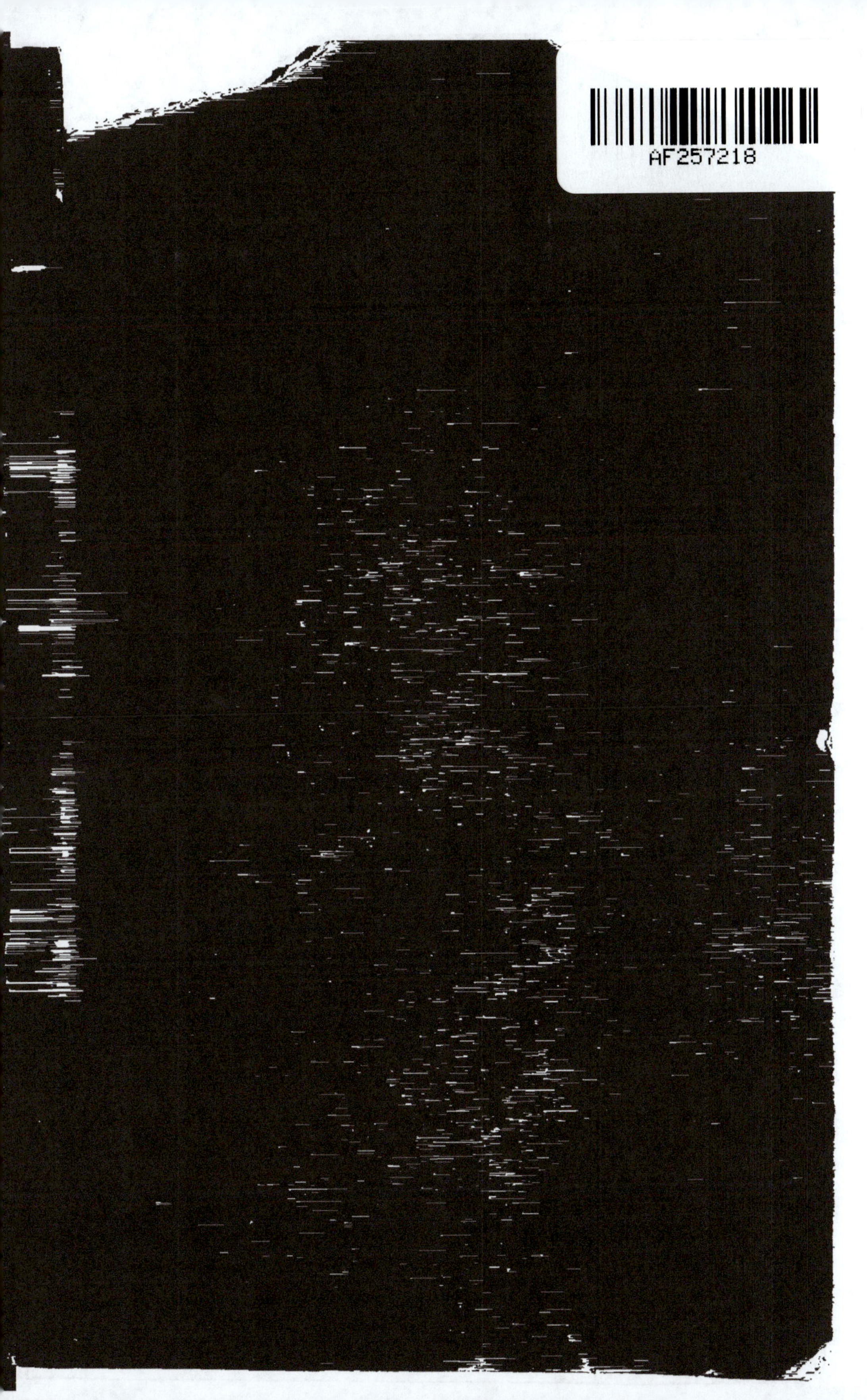

SIMPLE
EXPOSÉ.

Imprimerie de L.-É. Herhan, breveté pour la Stéréotypie par S. A. R. Mg^r. Duc de BERRY, passage du Caire.

SIMPLE EXPOSÉ (1).

Depuis janvier 1792, intimement liés, mon épouse et moi, avec M. et Mme Bi....., nous étions tous les jours ensemble. De part et d'autre, il y avait égalité de confiance et d'attachement; nous nous procurions mutuellement les jouissances précieuses d'une estimable société, d'une bonne et franche amitié.

M. Bi..... avait une nièce, notre attachement pour l'oncle rejaillit sur elle. Elle se maria, différentes circonstances, des instances continuelles, le désir d'être utile et de faire le bien, excitèrent notre zèle; nous entourâmes le nouveau ménage de connaissances honnêtes, tous nos amis devinrent les siens; nous fîmes enfin, pendant vingt ans pour la femme, et pendant douze ans pour la femme et pour le mari, plus en quelque sorte qu'il n'est possible de faire; la lecture des pièces ci-après fera suffisamment connaître de quels abominables procédés ont été récompensés nos bienfaits.

----

(1) Je ne parlerai que de ce qui est écrit et prouvé.

(9 *juin* 1809). Le sieur J..... m'écrit : je désire ardemment, M. et bon ami, que le séjour de ma femme avec vous l'ait changée. Je vous ai déjà dit que je m'y étais pris de toutes les manières ; je n'y ai rien gagné. Je reçois continuellement des mauvais traitemens, tant du côté de la langue que des gestes ; elle m'a dit, trois semaines avant de partir, je veux que tu me cèdes en tout ; si tu ne me cèdes pas, tu seras toujours malheureux. Elle m'a tenu parole. Souvent il se présente à mon souvenir les mauvais traitemens que j'ai essuyés, et je pense toujours que ce qui est arrivé tant de fois depuis six ans, peut arriver encore. Je suis bien sûr qu'il ne tiendra pas à vous que je ne sois enfin heureux. Je le serais en effet si elle n'avait jamais eu que vos conseils. Si vous pouvez parvenir à lui donner de meilleurs sentimens, je verrai enfin l'aurore du bonheur. Je vous remercie de vos bon soins. Qu'il est soulageant de pouvoir ouvrir son cœur à un véritable ami (1) !

---

(1) Cette lettre est la première que j'aie gardée, je ne m'attendais pas qu'un jour elle pourrait m'être utile, ainsi que les autres ; elles sont toutes déposées. Pouvais-je, d'après toutes les instances du mari, des parens et des amis, me dispenser d'agir comme on va voir que je l'ai fait. L'amitié

(27 *août* 1809). J'ai transmis à ma femme les salutaires avis que vous lui donnez. En fera-t-elle usage ? C'est ce que j'ignore. Un jour, les paroles jointes aux écrits, c'est-à-dire quand elle sera avec vous, feront peut-être leur effet. Puisque vous voulez bien la recevoir, son absence me donnera le temps de rétablir ma santé. Cette absence la guérira peut-être encore pour un temps. La surveille de son dernier voyage chez vous, elle m'avait encore battu.

(27 *juin et* 10 *août* 1810). Ce que vous me marquez, M. et bon ami, n'empêchera pas que ma femme aille chez vous ; quant à moi, votre présence me serait bien nécessaire ; malheureusement, un grand intervalle nous sépare. J'ai éprouvé encore une bourasque effroyable, les propos, les menaces ordinaires. Je suis jeune, je ne suis point embarrassé de moi, je n'ai jamais pu et ne pourrai jamais te souffrir, etc. Je ne vous cache pas que lorsqu'elle sera près de vous, je m'expliquerai. Comment puis-je vous adresser mes lettres pour déjouer sa curiosité ? Vous savez que l'année dernière je vous fis le détail de ses dépenses. J'éprouve les chagrins les plus cuisans.

---

et le désir d'opérer le bien m'en faisaient un devoir. Plus je faisais, plus je voulais faire. Toujours le bien que l'on fait invite à en faire devantage.

Vous avez la bonté de croire qu'elle m'est attachée; pure simagrée, lorsqu'elle est devant le monde, rien n'est si faux qu'elle (1).

(15 *août* 1810). Je réponds : Votre lettre n'a pu être secrète, malgré le soin que vous aviez pris de contrefaire l'écriture de l'adresse, Mme J..... l'a reconnue; alors je n'ai pas cru devoir lui en cacher le contenu, cela aurait fait plus de mal; j'ai tout pallié de manière à ce qu'elle ne s'en offusquât pas trop. Je crains bien que cette campagne n'ait pas les suites heureuses qu'a eues celle de l'année dernière ; j'ai tout fait jusqu'à présent pour vous et votre épouse, j'ai employé tous les moyens, vous le savez, et je vois avec beaucoup de peine que c'est en vain. Nous avons passé un mois bien désagréablement. Je ne suis occupé qu'à sermoner, qu'à entendre des plaintes, à voir des pleurs. Je me suis prêté au rôle délicat de média-teur pour le bien commun, mais je crains de ne pouvoir l'opérer et d'être obligé de renoncer; il est pourtant très-nécessaire que vous ayez l'un et l'autre des amis, mais de ces amis sincères qui pensent ce qu'ils disent et disent ce qu'ils pensent. Faites de chaque côté des efforts; vous voir heu-

---

(1) De telles confidences faites par écrit, prouvent assez qu'il devait m'en être fait bien d'autres de vive voix.

reux tous deux est et sera toujours l'objet de mes désirs.

(28 *août* 1810). Le sieur J..... m'écrit : rien, M. et bon ami, n'est encore décidé pour ma place, mais j'ai dit à ma femme qu'elle m'était conservée, pour qu'elle aille chez vous. J'ai encore besoin de cette séparation, dont je me suis si bien trouvé l'an passé ; Dieu veuille qu'avec vos bons soins et vos bons avis, vous puissiez la ramener comme vous fîtes l'an passé. Vous savez que je m'en suis félicité avec vous, mais cela n'a pas duré. Je vous ai dit que je lui rappelerai toutes ses vérités, et vous serez là pour les lui faire prendre en bonne part. On n'a pas voulu aller à R.... le dimanche qui a suivi votre départ ; le lundi, on a été à la foire aux loges avec cette société A..... ; on ne veut pas se laisser persuader ni par vous ni par moi. Je suis bien aise que vous ayez écrit à ma femme que la veille de votre départ vous avez été incommodé (1) ; elle s'en est rappelé la cause. Mes chagrins sont à leur comble. Je sais que vous faites tous vos efforts et vous me rendez un grand

---

(1) On voit par cette lettre et les suivantes, que le mari savait tout ce que j'écrivais à sa femme, que mes lettres étaient souvent concertées avec lui, et qu'il approuvait tous les moyens que j'employais.

service, mais vos efforts ne sont pas malheureusement couronnés d'un succès constant; vous êtes bien fait pour persuader, mais il faudrait que vous fussiez compris.

(15 *décembre* 1810). J'écris à Mme J....... : encore une scène nouvelle, et pour quelle cause? Je ne parviendrai donc jamais à vous persuader. Vous avez pour époux l'homme le plus estimable et le meilleur. Si vous lui trouvez quelques ridicules, réfléchissez, ne pourrait-il pas vous reprocher autre chose? Votre bonheur est dans vos mains et vous prenez à tâche de vous rendre malheureuse ; votre ménage doit être un enfer ; tout le monde voit tout, entend tout. Écoutez-donc à la fin les prières de la sincère amitié, rentrez en vous même, ne deviez-vous pas bénir votre sort en épousant M. J....! (1).

(15 *mars* 1811). M. Bi.... reçoit par la petite poste, un soir que nous y étions, une diatribe intitulée *histoire de Demerale*. M. et Mme Bi..... la font voir à leur nièce, qui se trouve mal et a de fortes attaques de nerfs. Ils lui enjoignent de me communiquer cette pièce comme au principal ami de toute la famille, et me font les plus vives

____

(1) Elle disait pourtant, en parlant de moi à son mari, tu crois qu'il t'aime, il te méprise, Mlle A.... me l'a répété.

instances de tout employer pour lui faire sentir à quoi elle s'expose, et pour la ramener; Mme J..... me communique cette pièce, et en la lui renvoyant j'y joins une lettre que préalablement je communique à Mme Bi....., qui l'approuve et m'en remercie. (27 *mars* 1811). Je lui observe par cette lettre que les réponses qu'elle m'a faites de vive voix n'annoncent qu'une forte obstination à persister dans des habitudes qui font son malheur, et que ses expressions ne conviennent que dans la bouche d'une vile courtisane qui ne tient à rien dans le monde. Je lui retrace les dangers auxquels elle s'expose et les avantages au contraire dont elle peut jouir en se corrigeant, et je termine par lui dire : animé par la reconnaissance de vos soins pour ma femme pendant sa maladie, par mon attachement à vos respectables parens et le désir de vous rendre heureuse, j'ai tout entrepris pour vous sauver de l'abyme. Je n'avais aucun motif qui me fût personnel, et je vous ai souvent prouvé que je n'avais en vue que votre intérêt; j'ai employé les expressions de l'amitié, j'ai pris tous les ménagemens possibles pour ne pas trop vous heurter. Ayez du courage, prenez une résolution ferme, renoncez à toutes les sociétés scandaleuses, où il n'y a qu'à perdre pour le cœur et pour l'esprit, à ces ruses, à ces intrigues qui détruisent toute espèce de sentiment et qu'on ne peut long-temps cacher. Bornez-vous à vos bons parens, à vos bons amis. Vous ne trouverez pas chez eux des plaisirs bruyans, mais ils seront purs, ils ne vous laisseront ni remords ni regrets. Je ne vous crois pas capable de m'en vouloir de la liberté avec laquelle je vous parle. Au surplus, faites ce que vous voudrez, mais rendez-vous heureuse.

(3 *juin* 1811). Le sieur J...... m'écrit : ma femme ira passer quelque temps chez vous, elle ira plus volontiers qu'à R.....; il est constant que l'air qu'on y respire, les agrémens que l'on y éprouve, ne peuvent se comparer. On me témoigne un peu plus d'amitié. Cette maladie (1) va peut-être opérer une métamorphose. Je vous réitère mes remercimens de vos services continuels. J'ai mille actions de grâces à vous rendre (2) ; quand je ne serais pas

---

(1) Cette maladie était la suite de la révolution que lui avait causée l'histoire de *Demarale*.

(2) Ces services étaient des prêts d'argent sans intérêt, mais ce n'étaient pas là les plus essentiels de ceux que nous nous rendions.

Tous les deux ou trois mois, je lui prêtais, ou ma femme en mon absence, 3, 4 ou 500 fr., et à l'époque de la conscription de son fils, je lui prêtai, sur simple billet, mais à l'intérêt de 5 du cent, 4,600 fr., comme on le verra ci-après.

sûr de l'attachement au-dessus de toute expression que vous avez toujours eu pour nous et tout ce qui nous regarde , dans tous les temps , cette nouvelle circonstance nous en fournirait une preuve complète. Vous êtes bien sûr d'être payé du plus parfait retour ; j'ose même dire que je n'ai pas d'autre ami que vous. Ils sont si rares ! Vos réflexions sur la santé de ma femme sont on ne peut pas plus sages.

(21 *juin* 1811). J'écris au sieur J...... : Voici donc une cure d'opérée, puisse-t-elle être le précurseur d'autres plus importantes encore ! on vous montre, dites-vous , moins d'aigreur; profitez du moment , tâchez de ramener. Des mauvaises connaissances découle tout le mal. Plus de ces personnages dont vous m'avez parlé vous-même tant de fois, et que pourtant vous accueilliez. Je n'ai laissé échapper aucune occasion de faire apercevoir les dangers; tant pis pour qui s'en fâcherait; j'ai cru que l'amitié me donnait ce droit sacré ; si le but n'est pas rempli cette fois, vous sentez que je n'ai plus rien à faire et que je dois renoncer.

(17 *juillet* 1811). Le sieur J..... m'écrit : J'aurais cru que vous auriez eu la bonté de me répondre sur le projet de l'école normale ; me refuserez-vous vos avis ? Je n'ai que vous pour ami (1). Mme Bi..... a dû vous écrire que Bi..... était entré dans une autre pension. Ses espiègleries et ses réponses à ses maîtres ont fait prendre ce parti (2) ; faites-moi le plaisir de m'envoyer des lettres de recommandation pour les différentes personnes de votre connaissance. Ma femme partira pour aller chez vous , vendredi.

(22 *juillet* 1811). J'envoie au sieur J..... mes observations sur les avantages et les inconvéniens de l'école normale , pour qu'il puisse se déterminer par lui même Je lui fais seulement remarquer que quoiqu'engagé pour dix ans , les choses peuvent changer dans l'intervalle ; qu'alors , l'école normale aurait sauvé son fils de la conscription , et qu'il n'aurait perdu ni son temps ni sa fortune. Je l'engage aussi , si au lieu de prendre ce parti il prenait celui de mettre son fils chez un avoué , à l'y mettre à demeure. Vous savez , lui disais-je , les inconvéniens qu'il y aurait à le loger chez vous , et ces inconvéniens ne pourraient qu'augmenter(3).

---

(1) Il s'agissait de faire entrer son fils à l'école normale pour le sauver de la conscription.

(2) On pourrait voir à ce sujet ma correspondance avec M. et Mme Bi....., lettres des 12 et 19 juillet , 25, 27, 28 novembre 1811 , 3 et 7 janvier , 14 et 27 décembre 1812.

(3) Voilà donc l'origine véritable de la maladie.

Votre expression d'espièglerie relativement à Bi....., me parait plaisante.

(19 *juillet* 1811.) Le 22 juillet 1811 je reçois une lettre de M. Bi....., datée du 19, la voici :

Mon cher voisin et bon ami,

J'appris avec beaucoup de surprise le mardi soir, 9, qu'il fallait que je retirasse mon neveu de chez M. Let...... Je me rendis chez lui ; je vis qu'il n'y avait pas un moment à perdre pour une ame qui n'a jamais rampé. Le croiriez-vous, mon cher voisin, j'ai été malade de ce procédé. J'ai cru ensuite être plus tranquille, point du tout ; je sens que ma faiblesse et ma sensibilité m'ont dérangé les organes (1). Je ne suis plus à moi ; venez tout de suite, mon cher voisin, j'ai besoin de vous , ne me refusez pas cette marque d'amitié ; embrassez pour moi ma chère petite voisine ; ma femme, mon Adélaïde vous le rendra avec usure.

(22 *juillet* 1811). Allarmés de l'état de M Bi....., nous prîmes de suite nos mesures pour revenir à Paris dès le lendemain, ma femme et moi, lorsque le 23, à l'instant de partir, je reçois une lettre datée du 22, par laquelle le sieur J..... me marque :

---

(1) Les suites ont prouvé que je voyais assez juste.

« Ne vous déplacez pas pour venir voir M. Bi.....;
s'il eût eu le désir de vous voir au point de troubler
d avntage sa tête, madame Bi..... vous l'aurait
m ndé.

« Je voulais vous écrire ce que je savais sur
Bi....., mais ma femme me l'a absolument défendu ; je n'ai pu me servir que de l'expression
esp·· l ·· s. »

Interdit de cette lettre , j'ai dû croire ou que
M. B..... avait changé d'avis, ou que je déplairais
si je venais à Paris. Nous défîmes nos paquets, et
nous restâmes.

(25 *juillet* 1811). Le sieur J..... m'écrit : « Les
médecins inclinent pour faire transporter M. Bi.....
dans un hospice, et lui faire administrer les remè-
des propres à l'état de folie. Nous verrons demain
si ce sera l'avis de M. Jean Roy ; ce serait le mien,
et je crois que l'on aurait dû s'y prendre plutôt (1).

M. Bi..... qui, à ce qui fut reconnu ensuite,
n'ava· eu une fièvre chaude, qui était alors privé
de la vue, fut transféré, en l'induisant en erreur,

----

(1) M. Bi..... m'en voulait beaucoup de ce que je n'étais
pas venu ; il ignorait les deux lettres ci-dessus, des 22 et 25
juillet. Devais-je les montrer? J'ai préféré m'exposer aux
reproc   e M. Bi..... que de me disculper ; ma conduite
a été, je crois, assez délicate.

dans une maison de santé, où il me dit avoir reçu des traitemens indignes qui aggravèrent son mal, et dont il se ressouviendra toujours.

(8 *août* 1811). Le sieur J..... m'écrit : M. Ch..... se prête de la la meilleure grâce, à votre recommandation, à être utile à mon fils ; s'il entre à l'école normale, ce sera à vous que j'en aurai l'obligation (1).

Il est bien difficile à un homme qui a le cœur ulcéré, d'écrire à une femme qui ne peut le souffrir ; elle a beau vous dire le contraire, je suis bien payé pour n'en rien croire ; rien n'est si faux. A la fin, j'éclaterai. Puissiez-vous encore la ramener.

(26 *août* 1811). J'écris à madame J....., je l'engage à venir à la campagne, si toutefois M. et madame Bi..... peuvent se passer de ses soins, lui observant qu'elle doit les préférer à tout. Je lui offre d'amener J..... si cela lui est agréable, et même de payer sa place. En terminant ma lettre

---

(1) Pendant que je me donnais tant de soins pour l'école normale, Mme J....., qui s'était jointe à son mari pour me solliciter, ne pensait plus de même. En arrière de moi elle déjouait mes démarches et entrait en fureur toutes les fois qu'il était question de M. Ch...... Je l'ai appris de Mlle A...., de Mme Cl......

je recommande J..... d'apprécier les bontés de sa belle-mère, d'en être reconnaissant, de n'en point abuser, de lui conserver le respect qu'il lui doit, et de l'aimer comme l'épouse de son père.

(28 *septembre* 1811). Le sieur J..... m'écrit : Votre antépénultième à ma femme contenait des vérités, mais elle m'a fait de la peine en voulant faire le bien ; elle m'a valu une sc ne désagréable ; on a cru que je vous avais monté la tête, et la sienne s'e t encore détraquée. Tout cependant s'est appaisé. Dieu veuille qu'elle sente enfin que nous ne voulons que le bien.

(7 *octobre* 1811). Le sieur J..... m'écrit : Votre dernière lettre à ma femme est bien amicale et bien pressante ; mais opérera-t-elle ? Elle a bien le sang des Bi..... ! Cette famille ne veut pas de régime, ne veut se priver de rien en général de ce qui la flatte. Vous voyez que je suis toujours obligé de décacheter mes lettres pour y insérer des petits mots d'écrits à la dérobée. Il faut que je lui lise et même lui montre tout ce que j'écris ou que je reçois.

(8 *ja v er* 1812). J'écris à madame J..... : Votre santé va de mieux en mieux. Puisse le moral contribuer à la cure ! Sans cela, tout ira toujours mal. Vous voyez que ma femme est encore la même pour vous. Si vous avez craint quelque changement, c'est que vous y avez donné lieu par tout ce qui s'est passé. Je vous avoue que vos ruses, vos détours, vos dissimulations font bien du mal. Vous vous plaignez que je ne signe pas mes lettres, le reproche est singulier, au surplus je signerai (1).

(19 *janvier* 1812). J'écris à la même : Quel nouveau sujet d'humeur vous anime (2)! La tranquillité de votre ame est à chaque instant troublée. Vous ne serez donc jamais heureuse, et notre sincère attachement ne peut plus rien sur vous ? Lors de mes dernières représentations, je n'ai pu obtenir que ces paroles : « Mes tourmens ont été cruels, mais j'ai pris le dessus ». Il m'a fallu des-lors me borner à faire des vœux. Vous ne me re-

------

(1) Cette observation a commencé à me donner quelque soupçon de méchanceté, mais ne m'a point arrêté. On verra quel était le plan de cette femme, et avec quel acharnement elle l'a suivi jusqu'à la fin.

(2) Voici cette lettre dont la perfidie la plus noire s'est servi contre moi. J'avais été fort invité en revenant le soir, par madame Bi....., à qui je donnais le bras, à faire des représentions sur l'inconvenance du ton de M. E..... Je le fis ; j'en devins la victime.

gardez pas sans doute comme un ami, mais comme quelqu'un qui ne c   che qu'à vous contrarier ; mais réfléchissez. Quel peut être mon intérêt ? Je ne fais en cela que me tourmenter. Si je ne vous représentais rien, si je vous flattais, je ne pourrais qu'y gagner ; mais je n'aime pas cette manière de gagner. C'est alors que je serais faux, et que je me mépriserais moi-même. Je serai bon ami tant que je le pourrai, malgré vent et marée; mais, surtout, je serai toujours honnête homme dans toute la force du terme. Je veux dans les personnes qui m'intéressent, ordre, raison, considération. Croyez-vous, par exemple, que je n'aye pas été fâché du ton avec lequel, jeudi, quelqu'un vous a dit : Est-ce que vous comptez faire commencer le jeu à onze heures? Ce ton a été remarqué de tout le monde. Outre   l est malhonnête, il annonce des droits qu'une personne sans éducation (1) se croit permis et s'arroge par trop de fami-

____

(1) J'ai une lettre qui prouve très-clairement qué je n'étais pas seul à penser ainsi. « Je le crois honnête homme, mais il n'a pas d'éducation » porte cette lettre. Je me suis gardé d'en parler. Si chacun dévoilait ce que l'amitié et la confiance ont dicté, aucune famille, aucune société ne serait tranquille.

liarité. Voici je crois une lettre assez franche ; il n'y a rien que je ne vous aye déclaré pour votre intérêt.

(27 *janvier* 1812). J'écris à madame J..... : Il est fâcheux que la rupture ne soit due qu'à la circonstance d'un prétendu mariage hors de Paris (1). Plut à Dieu encore que cela soit, et que d'autres circonstances fassent encore rompre d'autres liaisons non moins dangereuses. Il faut être bien ennemie de vous-même : votre conduite met votre esprit dans un état de fièvre permanent.

(25 *février* 1812). J'écris à la même : Les remords doivent vous déchirer. Depuis six mois surtout, sans renoncer à vos peu délicates amours, un nouvel amour moins bas, mais tout aussi fou, et qui peut avoir des conséquences fâcheuses, vient de combler la mesure (2). Vous vous êtes conduite indignement vis-à-vis de ma femme, qui se plaisait à aller au-devant de tout ce qui pouvait vous être agréable. Par de faux exposés, par des pleurs étudiées, vous avez cherché à capter les suffrages de madame E......, de mademoiselle A.... J'ai vu

---

(1) Il s'agissait d'un M. H........, cocher, ancien domestique de M. Bi.....

(2) Il était question de Bi.....

dès-lors que tout était perdu. Contemplez votre
ouvrage. Songez que si vous séduisez par des ruses,
ce ne sera qu'un moment, et que vous perdrez tous
vos sincères amis. Au nom de la raison, de l'hon-
neur, au nom même de l'amitié, voyez le préci-
pice ; relisez cette fatale histoire ; craignez le dé-
nouement.

(1er. *avril* 1812). J'écris à la même : Si vous
trouvez quelqu'inconvénient à venir à la campagne, à cause que J..... est chez vous ; si vous
croyez que par ce motif votre mari se trouve gêné ;
si enfin vos bons parens avaient besoin de vous,
nous serions fâchés de l'obstacle, mais bien éloi-
gnés de vous en vouloir ; la raison par-dessus
tout ; elle fait régner l'ordre, évite bien des
maux (1).

(3 *mai* 1811). J'écris à la même : Vous ne de-

---

(1) J'apprends que madame J..... montre mes lettres à
tout le monde, qu'elle en fait des gorges chaudes, dit que je
ne lui écris ainsi que parce que je suis amoureux fou d'elle et
jaloux. Je lui en parle, elle nie effrontément suivant son
usage. Vous ne ferez croire à aucune personne un peu sen-
sée, lui disais-je, que je puisse être amoureux de vous et
jaloux. Je ne m'attendais pas à ce nouvel acte extravagant de
méchanceté ; mais il ne m'arrêtera pas ; un moment viendra
peut-être où vous rentrerez en vous-même.

vez pas être étonnée de ce que je ne vais pas vous voir. Vos procédés envers ma femme en sont la cause. Tant que cet état de choses subsistera ne comptez pas sur moi. Je fais ce que je peux pour vour excuser auprès d'elle; elle vous pardonnera encore. Je vous avoue qu'à sa place je n'aurais pas tant de bonté.

(30 *juin* 1812). Le sieur J..... m'écrit : Je suis assez content, grâces à vous Monsieur et bon ami, des dispositions actuelles de ma femme.

(18 *juillet* 1812). Le sieur J..... m'écrit : Ma femme est beaucoup revenue sur le compte de Bi..... Elle a lieu de se plaindre de lui; tant mieux. C'est ce qui la désabusera. Vous ferez bien de ne pas nous en écrire; mais, lorsque vous viendrez à Paris dans trois semaines, il faudra lui dire que vous étiez bien certain que tôt ou tard elle reviendrait de ses erreurs, et qu'il vaut mieux tard que jamais; cela suffira (1).

(28 *juillet* 1812). Le sieur J. m'écrit : nous devons dîner jeudi chez M. L.....; vous savez ce que je pense de lui, mais il le faut.

(31 *août* 1812). Il m'écrit : Am..... est très-malade depuis quelques jours, on craint beaucoup.

---

(1) On voit que le mari n'ignorait pas les liaisons avec Bi.....

(*5 septembre* 1812). Je réponds : Cetté maladie ne serait-elle pas la suite de.....? mais il ne faut pas tout dire, le pot de terre ne peut pas lutter contre le pot de fer. Sa bonne f^e. J..... donne à cette phrase l'interprétation la plus infâme et la fait partager à son beau-frère, père d'Am.... et lui remet ma lettre, qu'il copie. Le sieur J.... qui m'appelait tant son seul, son véritable ami, sait toutes ces machinations et ne m'en écrit rien. Je n'en suis instruit que par la scène qu'au bout de trois mois vient me faire M. Ba....., beau-frère, à qui très-tranquillement je fais voir d'abord l'inconvenance de lire et de copier une lettre qui ne lui est pas adressée ; ensuite, la méchanceté de la personne qui la lui a remise et l'a poussé à une pareille incartade ; enfin, le ridicule de l'interprétation. Je prends la peine de lui expliquer ce qui à coup-sûr ne méritait pas d'explication, et j'ajoutai en riant que sans doute il ne me regardait pas comme le pot de terre vis-à-vis de lui. Il soutient son opinion et demande que je lui fasse raison. Alors outré de cette extravagance et perdant patience, je me lève, le prends par le bras et le mets à la porte en le traitant fort mal ; il s'en alla très-confus. La f.^e J. de son côté, voyant que sa perfidie n'avait pas réussi, va pleurer chez Mme Ch ..., paraît affligée, pleure, suivant sa tactique ordinaire quand elle avait manqué son coup, à l'air d'implorer son pardon et je pardonne encore. Cette D.ᵉ, qui était de notre société, de celle de M. et de M.ᵐᵉ Bi....., de M.ᵐᵉ R....., s'est dans cette circonstance, conduite fort peu délicatement. Elle me dit un jour qu'elle était très-attachée à M.ᵐᵉ J..... et qu'elle était fâchée du tort qu'elle se faisait ; elle me parla de beaucoup de choses que j'ignorais. Je lui répondis : madame, puisque vous en savez tant, puisque vous êtes si attachée à M.ᵐᵉ J....., tachez de faire le bien que je n'ai pu opérer ; elle alla de suite rapporter à M. J...... ce que j'avais dit, en y ajoutant encore. D'un autre côté, elle venait nous parler très-mal de M.ᵐᵉ J....., nous plaignait, nous disait que nous avions trop de bonté, nous rapportait les propos et la conduite de Bi..... avec elle, le ton, les propos et l'intelligence marquée de M. E......; et le lendemain elle courait chez cette femme s'apitoyer avec elle, rendre compte de ce que nous avions dit et rire à nos dépens. Quand elle s'est vue démasquée, elle a eu assez d'esprit pour se retirer et n'est plus venue chez nous ni chez M.ᵐᵉ R....., chez M. Bi....., malgré les invitations réitérées de ce dernier.

(28 *décembre* 1812). J'écris à M.ᵐᵉ J..... :

Voici, madame et bonne amie, encore une année de passée et bien malheureusement passée. Quels vœux ferai-je pour celle dans laquelle nous entrons? Je n'en sais rien. Des vœux trop souvent et trop inutilement répétés sont semblables à ces chansons d'usage auxquelles on ne fait aucune attention, et c'est ainsi que vous avez presque toujours écouté ce que je vous ai dit. Tous ces maux étaient inévitables, parce qu'ils avaient une source funeste dans des liaisons dangereuses, dans des affections on ne peut plus mal placées, qui se sont succédées malgré les bons avis que vous convenez et dites à tout le monde que je n'ai cessé de vous donner (1). Par suite de ces liaisons, on intrigue par besoin, on devient faux par calcul. Je n'ai ni droit ni autorité sur vous; si je vous contrarie par mes représentations, c'est l'amitié, c'est votre intérêt qui m'y portent, et je vous avertis que je ne changerai pas, sans quoi je ne

____

(1) Pendant que d'un côté elle ourdissait en secret les trames les plus odieuses, elle disait à madame Cl...., à mademoiselle A......, qui me l'ont répété, que je ne cessais de lui donner d'excellens avis, qu'elle avait été souvent heureuse de les avoir, que j'étais un père pour elle; et ces dames m'engageaient toujours à ne pas l'abandonner.

serais plus votre ami et celui de vos respectables parens , et je ne m'estimerais pas moi-même. J.....
s'est excusé auprès de son oncle M. R....., cela était naturel ; réfléchissez que ceux qui apprendront les réponses insolentes , les propos infâmes qu'il s'est permis contre vous , penseront, quoiqu'en le condamnant, qu'il fallait qu'il eût des motifs bien forts pour se porter à cet excès d'audace , et cette phrase de M. R....., *il m'a désarmé,* en dit beaucoup (1).

(30 *décembre* 1812). Je donne pour dernier effort, à Mme J..... un petit almanach que j'avais composé et fait imprimer, et qui contenait des allusions très-fortes ; je le lui remets dans un joli coffret, afin de faire passer les vérités un peu dures. Le mari m'en a beaucoup remercié , en ajoutant, elle ne sait pas lire , il faut que je lui lise et que je lui fasse sentir tout ce qui la concerne (2).

---

(1) On ne peut rappeler ici les scènes qui se passaient tous les jours entre la belle-mère et le beau-fils , dont tout le monde était témoin , et que le mari venait me raconter. La plume se refuse à les écrire. Les injures , les fureurs, les raccomodemens , puis de nouvelles fureurs , telle était l'histoire de tous les jours.

(2) De temps en temps je faisais , par suite de l'amitié que nous portions au ménage , de petits cadeaux à Mme J..... ,

M. et madame Bi....., madame E....., mademoiselle A..... et madame Clé..... ont été instruites de cette nouvelle tentative et l'ont fort approuvée.

(*Juin* 1813). Le sieur J..... tombe malade, nous le sollicitons de venir chez nous à la campagne, pour rétablir sa santé. Il y vient avec sa femme. Au bout d'un mois, terme du congé qu'il avait demandé, j'écris à son insu à son chef, pour obtenir quinze jours de plus. Je reçois une réponse fort honnête qui accorde les quinze jours, et je remets cette réponse au sieur J....., qui en fut bien flatté. Sa santé se rétablit parfaitement, et après six semaines, il retourna à Paris avec sa femme, très-bien portant.

(15 *août* 1813). Les chagrins du sieur J...... se renouvellent, il m'en prévient, il retombe malade; j'écris à sa femme : l'état de votre mari me

---

ou de petites acquisitions dont elle ou son mari me chargeaient, et que je peux détailler, d'après les notes que j'en ai conservées date par date, mais qui étaient au surplus de très-peu d'importance. Peu de temps avant la catastrophe, elle voulait changer sa pendule, et me demanda de lui prêter 120 fr. Je lui observai que je savais que son mari tenait à son ancienne pendule, que ce changement lui déplairait, et je refusai.

fait, je vous l'avoue, bien de la peine. Que vous seriez à plaindre si vous le perdiez! Lorsqu'il y a quelque temps je vous représentais de vive voix le danger, vous calculiez la part qui vous reviendrait après lui; qu'elle étrange façon de voir! Où puisez-vous ces estimables calculs? Quels bons amis vous suggèrent de tels raisonnemens?

(14 *septembre* 1813). Le sieur J..... m'écrit : Bi..... a acheté une jument. Lorsque vous écrirez à M. Bi....., je vous prie de ne pas faire connaître que vous en êtes instruit.

(17 *id.*). Je réponds que je savais cette acquisition, que M. Bi..... lui-même m'en avait parlé en me priant d'en détourner son neveu; qu'au surplus, ce n'était pas à cela, ayant de la fortune, que je voyais grand mal.

(20 *id.*). Le sieur J..... s'empresse de me marquer : écrivez-moi le plutôt possible, M. et bon ami, une lettre entièrement ostensible. Vous m'avez parlé de la jument, je ne peux montrer la lettre à ma femme; il faut se mettre l'esprit à la torture pour savoir ce que l'on doit écrire.

(27 *id.*). Je réponds : rien n'est si pitoyable que le sujet de votre demande. La dissimulation et les mystères ne font que s'accroître. J'éprouve, je vous le déclare, un dégoût , une lassitude extrême. Je renonce à tout ; il faut aussi vous éviter des désagrémens. Si vous venez chez moi, l'on vous épie , si vous m'écrivez, il faut que l'on voie vos lettres , vous êtes obligé d'employer les détours , les mensonges , et vous êtes exposé à des scènes continuelles. Ainsi, pour avoir la paix, ne me parlez, dorénavant, je vous en conjure , que de la pluie et du beau temps.

(12 *mars* 1814). J'écris à madame J..... : J'espère que cette semaine mettra fin à la conduite bien étrange que vous tenez depuis quelque temps. Vous ne venez plus chez M. votre oncle , vous ne voulez plus dîner avec votre mari, vous perdez donc la tête. Vous avez pour époux le plus brave homme. S'il est faible, ce n'est pas un crime, c'est un malheur pour lui , qui en souffre , et pour ceux qui en abusent (1).

(20 *avril* 1814). Le sieur J..... m'annonce, par un petit billet qu'il me glisse chez M. Bi..... , où nous descendions tous les soirs , qu'il reçoit de nouvelles lettres anonymes et me prie instamment de passer à son bureau pour en conférer et me consulter.

---

(1) La femme J....., lasse de son beau-fils , avait obtenu son renvoi de la maison paternelle.

(*Courant de mai*). Nouvelles lettres anonymes, affiches abominables à sa porte, et nouvelles instances de passer à son bureau pour décharger son cœur dans le sein, disait-il, de son meilleur ami.

Par un nouveau billet, le sieur J..... me marque: je déchiffrerais plutôt du grec que cette manière d'écrire ; tâchez d'en trouver la clef.

Par un autre : Ne me détournez-pas , M. et bon ami , du projet que j'ai d'éclater , cela est indispensable ; venez me voir, je vous en conjure , demain , à mon bureau.

(23 *mai* 1814). Je me trouvais dans le plus grand embarras, et je regrettais bien de m'être laissé séduire par les sollicitations du mari, des parens, des amis, ainsi que par l'espoir dont on me flattait toujours, que je réussirais, et enfin de m'être embarqué dans une galère dont je ne pouvais plus sortir. Dans cette anxiété , j'ecris à M. J.... une lettre bien pressante , craignant toujours les suites des lettres anonymes, des affiches, et l'effet des menaces continuelles qu'elle me faisait lors de mes représentations. « Je n'irai plus chez vous, je n'irai plus chez mon oncle. Si vous et votre épouse vous brouillez avec moi, je vous brouillerai avec tout le monde ».

(9 *août* 1814). Je lui écris encore : Si vous ne renoncez pas à vos folles erreurs, il n'y a plus d'espoir; vous savez que je ne vous ai jamais trompée. Je vous ai toujours fait sentir toutes les conséquences de votre conduite, et ce que je vous ai annoncé dans toutes les circonstances, est arrivé ainsi que je l'avais dit.

Voilà une faible partie des lettres qui ont été écrites de part et d'autre. Il n'y en a pas une des miennes qui ne soit dans les principes de celles ici relatées. Toutes contenaient toujours pour lénitif les expressions de la sincère amitié que nous avions vouée à ce ménage, et qui ne peuvent être bien senties que par des ames honnêtes. Je ratifie tout ce que j'ai pu écrire ; sans doute il y a beaucoup de lettres que l'on n'aura pas montrées, et de celles mêmes que l'on aura fait connaître, on n'aura donné que des extraits tronqués, que d'après ce que l'on se proposait, on présumait pouvoir me nuire.

Je vois de jour en jour le mal s'accroître ; ce que j'apprends, et même de M. Bi....., me fait ralentir mes visites et mes représentations. La femme J..... en est furieuse. Alors je crains une explosion prochaine, aussi ne tarda-t-elle pas à arriver.

Le 9 février 1815, le Roi va à Feydeau, je conviens avec M. et M. et madame Bi..... de retenir une loge. M. Bi...... m'invite à réserver une place pour mon fils. Je l'en remercie, je lui observe que sa nièce ne va pas souvent au spectacle, que c'est une occasion de lui procurer ce plaisir. Il y consent. Le soir même en rentrant, ma femme, madame Bi....., madame E...... (j'ignore s'il y en a eu d'autres), reçoivent par la petite poste, une diatribe affreuse et très-grossière, en forme de couplets, où des turpitudes sont détaillées et des personnages désignés. La femme J..... va publier partout que j'en suis l'auteur, pour exécuter son plan de nous brouiller avec nos parens et nos amis.

(7 *mars* 1815). Je reçois du sieur J....., cet homme qui m'appelait tant son meilleur ami, et qui dans le fait me devait tant, une lettre curieuse dont voici la substance.

Toutes les personnes auxquelles a été adressée la monstrueuse diatribe vous en ont soupçonné l'auteur (1):

----

(1) Peut-on rien voir de plus sot, de plus infâme que cette lettre? On me soupçonne d'être l'auteur du pamphlet le plus sale, le plus grossier, le plus odieux, le jour même où je procurais un nouvel agrément!

(3o)

On ne dit pas que vous en ayez fait les copies (1).

D'après la lecture de vos lettres signées et non signées, j'ai vu des traits de lumière ; le sens intime nous parle souvent malgré nous (2).

Tout le monde a ouvert les yeux. Son nom a-t-on dit n'y figure pas, donc c'est lui (3).

Personne, dit-on encore, n'est plus au fait de votre maison (4).

---

(1) Si je n'ai pas fait les copies, j'ai donc mis quelqu'un dans ma confidence, que ce quelqu'un parle.

(2) C'est donc de ce moment que depuis tant d'années le sieur J....., qui n'ignorait rien de ce que je disais et faisais à sa sollicitaion, a vu des traits de lumière. Quelle platitude ! Son sens intime n'est-il pas l'opposé du sens commun.

(3) Ce monde est sans doute celui que je gênais beaucoup. La conséquence de ce que je n'y figure pas, est admirable-blement bien trouvée.

(4) En disant que personne n'est plus au fait, on reconnaît donc que les faits énoncés dans la diatribe, sont vrais, malheureusement bien d'autres étaient plus au fait que moi ; étais-je au fait, lorsque dès les premiers jours du mariage, le mari recevait, ainsi qu'il me l'a dit depuis, des lettres anonymes, en ajoutant qu'il en avait beaucoup brulées, mais qu'il lui en restait encore un paquet dans son secrétaire, et qu'il me parlait des orgies qui se faisaient chez lui, aussitôt qu'il etait parti pour son Bureau, en me nommant même les

S'il n'est pas l'unique auteur, on est fondé de croire qu'il y a beaucoup contribué (1).

La femme J....., pour mieux assurer le succès de ses projets, avait montré à madame E...... son étrange confidente, mes lettres, et surtout celle du 19 janvier 1812. Je me serais borné au plus souverain mépris, trop heureux d'être débarrassé de pareils personnages, sans les alentours et les suites; mais M. B., mon ami depuis vingt-cinq ans, qui m'avait tant de fois sollicité pour sa nièce, comme il l'avait fait pour son neveu, dont j'étais le subrogé-tuteur, qui avait tant de fois éprouvé mon attachement et mon zèle, qui connaissait à fond mes sentimens et la conduite de sa nièce, prend le parti de cette dernière contre moi, affecte d'aller plus souvent avec elle chez madame E....., chez mademoiselle Au....., de les inviter à dîner chez lui. Outre qu'il nous narguait, qu'il nous insultait par cette affectation, il autorisait

---

individus? Étais-je au fait lors de cette histoire de Demerale, qui ne pouvait être l'ouvrage que d'une personne bien instruite? Enfin comment (excepté parce que je voyais par moi-même), connaissais-je tout ce qui se passait? c'était par le mari, et par M^r. et Mme. Bi.....

(1) A présent, je ne suis plus l'unique auteur, mais j'y ai beaucoup contribué, quelle pitié !

ainsi les infâmies de sa nièce et fortifiait la folle
ou méchante opinion des autres. Il a fait le plus
grand mal lorsque d'un seul mot il pouvait, il devait l'éviter. Vous-même, me disait M. Bi....,
vous me prôniez son bon cœur et qu'elle m'était
attachée. Voilà peut-être la première fois que l'on
fait à quelqu'un un pareil reproche. Quoi ! j'aurais
été dire à M. Bi.... que sa nièce, qui tenait tout
de lui, qui en attendait tout, avait un mauvais
cœur et ne lui était pas attachée, mais c'est alors
que j'eûsse été, suivant moi, méprisable. Je faisais
au contraire ce que je pouvais pour cacher ce
qu'on ne savait pas, pour atténuer ce que l'on
connaissait. Je ne me doutais pas qu'un jour on
m'en ferait un crime. Avec quelle chaleur même
n'ais-je pas défendu et la nièce et madame Bi....
vis-à-vis de M. Bi...., qui ne peut en disconve-
nir, lorsqu'il me témoignait son indignation de ce
qu'on l'avait mis dans une maison de santé.

Les atrocités de la femme J...... doivent peu sur-
prendre. D'après son caractère violent, sa fausseté,
sa conduite, je présumais depuis long-temps que
les choses finiraient ainsi, je ne cherchais qu'à
éloigner la catastrophe (1).

____

(1) J'avais reçu moi-même plusieurs lettres anonymes,
toutes fort honnêtes, mais qui paraissaient tenir de l'intrigue

M. Bi..... est un excellent homme, il a tout fait pour sa famille, qui lui en devrait une éternelle reconnaissance ; il fut pendant plus de vingt ans, pour ma femme et pour moi un bon ami ; il me donnait sans cesse les marques les plus grandes d'attachement et de confiance. Me ressouvenant de ce qu'il fut pour moi, il devrait de son côté ne pas oublier ce que je fus pour lui. Il y a quelques années, il ne se serait pas conduit ainsi vis-à-vis de nous ; mais l'idée qu'il conserve que j'ai refusé de me rendre auprès de lui, et l'état d'agitation périodique dans lequel il se trouve depuis long-temps, l'ont fait trahir son plus véritable ami.

Ce qui, au surplus, nous a surpris bien davantage encore, ce sont les étranges procédés de madame E......, quel excès de délire ? Madame E......, notre alliée, notre amie depuis vingt-

---

et ne pas mériter beaucoup d'égards. A cette époque j'en reçus une ainsi conçue : « Vous avez réchauffé, nourri une vipère dans votre sein ; pour récompense du bien que vous avez fait, elle piquera, mordra et trouvera des protecteurs. Malheur à qui s'y fiera. Avis bon à donner ».

Signé L'INSTRUIT.

L'écriture était contrefaite. J'ai toujours pensé que cette lettre venait du fils J....., surtout après l'avoir confrontée avec d'autres qu'avait M. Bi.....

cinq ans, femme estimable, à portée d'apprécier mon caractère et mes sentimens! d'un autre côté, *elle* savait tout, et par feu M. A......, son respectable époux, et par ce qu'elle avait pu apprendre et voir par elle-même, elle m'en parlait, elle m'écrivait : « Vous le savez comme moi, c'est un bien malheureux ménage » ; elle me témoignait l'amitié la plus affectueuse, comme le prouvent ses lettres, dont voici des fragmens :

Vos lettres, mon cher cousin et bon ami, me sont bien sensibles; elles sont dictées par l'amitié la plus tendre; j'en sens tout le prix, mon cœur a besoin de cette nourriture, etc.

Que vos lettres sont aimables et tendres, mon cher cousin, c'est pour moi la plus douce satisfaction de les lire; je sens tout le prix de votre sincère amitié. Il n'y a pas de cœur qui vous soit plus sincèrement attaché que le mien.

Que votre lettre, mon cher cousin et bon ami, est tendre et affectueuse. Je connais votre bon cœur et votre sensibilité; soyez sûr de toute l'étendue des sentimens pour la vie de votre cousine et bonne amie.

-- Que j'ai de plaisir, mon cher cousin, à lire vos aimables lettres! elles sont remplies de tant d'amitié, que mon cœur ne peut suffire à la reconnaissance.

— Que votre offre est obligeante, mon cher cousin et bon ami, nous ne pouvions, ma belle-sœur et moi, que l'attendre de votre amitié; vous savez saisir toutes les occasions de nous obliger.

— J'ai reçu votre aimable lettre, mon cher cousin et bon ami. C'est toujours une nouvelle jouissance pour moi; dans quinzaine elle sera plus réelle, nous nous embrasserons.

Beaucoup d'autres lettres, qu'il serait trop long de rapporter ici, sont semblables; que de confiance madame E...... ne me témoignait-t-elle pas, qu'elle idée n'avait-elle pas sans doute de la pureté de ma conduite et de mes sentimens, lorsque je fus avec elle à Montdidier, pour mettre en ordre ses affaires et celles de mademoiselle A....., un peu embrouillées par la mort de celui qui en avait été long-temps chargé!

Eh bien! qui croirait que cette même madame E......, séduite par la femme J....., qui a apparemment le secret d'ensorceler, d'empoisonner tout ce qu'elle approche, devient son champion? Qui croiroit que cette même madame E......, qui m'écrivait comme on vient de le voir, m'écrit, le 11 mars 1815, la lettre la plus impertinente? En voici la substance :

— Je ne prononce pas affirmativement que vous

êtes l'auteur du pamphlet, mais je dois le sup-
poser, d'après ce que j'ai vu. La jalousie vous a
dirigé; tout vous portait ombrage; vous êtes
amoureux et amoureux fou. Votre femme est malheureuse, je la plains. Ne m'écrivez plus, vos
lettres me fatiguent, etc.

En vérité, j'ai dû penser, en lisant cette lettre,
que madame E..... était devenue folle, c'était une
grâce à lui faire. Quel excès d'extravagance, de
méchanceté, et pour prendre le parti de qui,
grand Dieu? d'une parente, d'une amie, d'une
femme estimable, est-ce là le langage? Tout le
monde a été à portée de voir pendant vingt-cinq
ans quels étaient mes sentimens et ma conduite,
et combien ma femme était à plaindre. Il peut
exister des ménages aussi bons que le mien, mais
je ne crois pas qu'il en existe de meilleurs En
était-on jaloux, et était-ce-là le motif des procédés? On serait tenté de le penser.

Ma femme se charge de répondre à la belle lettre
de madame E......; elle la voit ensuite et lui fait
entendre qu'elle, ne peut pas croire qu'elle soit
écrite de son propre mouvement et avec réflexion.
Elle soutient que si, et qu'elle ratifie tout ce qu'elle
a écrit.

Peu de temps après cependant, elle m'écrit,

paraît fâchée et vouloir revenir, nous y consen-
tons; elle vient dîner chez nous, nous allons dîner
chez elle; alors la rage s'empare de nouveau de
la femme J....., qui, craignant d'avoir manqué
son coup, imagine un supplément d'atrocités. Ici,
ce n'est plus elle qui paraît, c'est le mari, cet ami
si véritable, cet homme si délicat, si religieux,
qui, soit de lui-même, soit à l'instigation de sa
femme, court montrer une lettre fort ancienne que
j'avais écrite à lui-même, dans laquelle il paraî-
trait qu'il est encore question de M. E....., comme
dans celle du 19 janvier 1812.

Je ne me rappelle pas cette lettre. Je n'en ai ni
copie ni note; il est très-possible qu'elle existe, mais
alors elle prouverait nécessairement que des confidences préalables du sieur J.....y avaient donné lieu.
M. E......, quoiqu'ayant des raisons d'être pi-
qué, aurait dû, en honnête homme, payer du
plus profond mépris une aussi perfide et lâche
trahison. Le contraire est arrivé, tout s'est brouillé
de nouveau; cependant, il a depuis, lui-même,
cherché à revenir, mais fatigué de toutes ces infamies, je lui écrivis, le 23 décembre 1815, que
nous ne pouvions être plus long-temps le jouet
d'aussi infernales menées, que nous ne désirions
rien tant que de voir renaître une union qui fai-

sait notre bonheur, mais que ce ne pouvait être que par un retour sincère à la raison, aux principes, à l'amitié, et que je déclarais que tant que madame E...... recevrait chez elle la femme J.... et son mari, même en notre absence, nous n'y remettrions pas les pieds, qu'il fallait opter.

M. E...... a opté pour le crime. L'expression n'est pas trop forte, car la calomnie, la trahison, les complots pour détruire les liens les plus sacrés de la société, sont certainement des crimes.

Mademoiselle A....... ne s'est pas conduite vis-à-vis de nous comme madame E......, mais elle ne s'est pas montrée exempte d'un funeste aveuglement, qui lui a fait aimer, protéger la femme perfide qui pleurait, flattait et caressait, et même prendre souvent son parti contre celle dont depuis son enfance elle avait été à portée d'apprécier les sentimens, la franchise et la vertu. Sachant tout, connaissant tout, n'ayant aucun motif puissant d'attachement pour les J....., aucun intérêt particulier de les voir, n'étant ni parente ni ancienne amie, comment mademoiselle A....... a-t-elle pu agir ainsi? Elle est extrêmement bonne, aussi nous excusons une erreur à laquelle son cœur n'a pas de part, et notre attachement pour elle est inaltérable.

Je voulais poursuivre les calomniateurs ; mais des considérations, des égards m'ont retenu, alors je me suis borné à faire remettre au sieur J....., à l'époque du remboursement d'un prêt qui prouvait assez jusqu'à quel point nous étions portés à l'obliger, la quittance imprimée dont voici la substance :

(1.er *mai* 1816). -- Je reconnais avoir reçu de M. J....., par les mains de M. B....., 1°. la somme de 250 fr., pour les intérêts échus le 1.er mai 1816, d'un billet de 4,600 fr., en date du 24 avril 1814, laquelle somme je lui ai prêtée pour payer l'engagement par lui souscrit envers le remplaçant de son fils, conscrit ; 2°. le remboursement du capital. Je profite de cette circonstance pour rendre hommage aux éminentes qualités de M. J..... et de son épouse, que j'ai connues trop tard, grandeur d'ame, loyauté, intentions pures, délicatesse de sentimens, amitié sincère, vraie dévotion, bonne foi, franchise sans égale, reconnaissance rare, n'ayant à se reprocher ni délation ni trahison, ni calomnie, ni enfin aucune de ces perfidies qui jettent le trouble dans les sociétés et tendent à détruire les liens les plus sacrés, etc., etc.

J'espérais qu'ils se plaindraient de ce persiflage, mais les méchans sont si lâches ! Ce n'est que dans l'ombre qu'ils ourdissent leurs trames.

Nous conservions encore une apparence de liai-son avec M. et madame Bi....., nous y descendions à peu-près trois fois par semaine. Un jour, M. Bi.... nous invite à dîner, avec beaucoup d'amitié. La rage de la femme J..... se réveille, elle forme sans doute de nouvelles machinations, je dis *sans doute* parce que j'ignore en quoi elles ont consisté, mais M. Bi..... part pour sa campagne et ne revient pas le jour du dîner; ensuite, il me fait demander de lui donner une nouvelle quittance toute simple; madame Bi..... me la fait itérativement demander par M. Ca....., par M. Pied...., et enfin par ma-dame R....., qui n'aurait pas du se prêter à cette démarche. (J'ai bien entendu) refusé, la ruse était facile à apercevoir, la nouvelle quittance aurait détruit l'effet de la première, on l'aurait regardée comme une amende honorable de ma part et peut-être même qu'alors la quittance imprimée eût été une arme dont on se serait servi contre moi. Mon refus a mis en fureur M. Bi....., et depuis janvier 1817, nous ne le voyons plus.

J'avais résolu d'ensevelir dans l'oubli toutes ces infamies, mais de nouvelles atrocités me forcent à les dévoiler (1); j'ai usé, le plus que j'ai pu

(1) Ne pouvant pas nous nuire directement, on a cherché à nous nuire dans notre fils, en lui suggérant des idées

de modération, de restriction, je désire que l'on ne m'oblige pas à dire et faire plus.

---

propres à le détourner de ses devoirs, de l'estime et du respectueux attachement qu'il nous doit, et dont il ne peut s'écarter sans crime, surtout d'après l'exemple qu'il a eu et les préceptes qu'il a reçus dans la maison paternelle.

www.ingramcontent.com/pod-product-compliance
Lightning Source LLC
Chambersburg PA
CBHW061328060726
47596CB00003B/1144